発達段階をふまえた乳幼児との会話法32

―0～5歳児の会話力・生きる力・考える力を育て育む保育―

常葉大学 保育学部保育学科教授
駒井美智子著

黎明書房

はじめに ―未来社会の構成員たちへの贈りもの―

心を受け止めると書いて愛と読みます。言《こと》の葉《は》と書いて言葉と読みます。この葉がたくさん集まり木となります。大きな木の葉が重なり合い、触れ合い、「カサカサ、サカサカ……」と音が聴こえます。言葉と言葉の会話。つまり言葉の出会いが会話になっていきます。

楽しい会話は、人を喜ばせ、明るく照らし、さびしい会話は、人に困惑や不安を与えます。しかし、その不安や悲しみを乗り越えたときに人はまた一歩前に進み、成長します。

葉が育つには、環境という栄養素が大切です。人的環境と物的環境という栄養素です。人と人が会話する。この本では保育者と子どもの言葉による会話です。これは人間のみに与えられた大きな幸福《しあわせ》です。

私の大好きな絵本のなかに『まけうさぎ』（新日本出版社・斎藤隆介：作／まつやまふみお：絵）があります。このお話は『うさぎとかめ』の続編ともいわれる絵本です。『うさぎとかめ』はのろのろかめが足の速いうさぎに勝つお話で、「頑張って努力すれば必ず夢はかない、目標は達成する」という民衆の大好きな、まさに努力と根性の物語です。一方『まけうさぎ』は、惨敗したうさぎがうさぎ村の友人から仲間はずれにされ、声もかけられず、会話のない世界がどんなにさびしく、つらく、死にも値するものであるかということが描かれています。ある日、村に来たおおかみにまけうさぎは仲間のために立ち向かい、全身全力で戦います。その姿を見た村のうさぎがまけうさぎを受け入れることで、まけうさぎは生活を取り戻し、楽しい会話にこぼれる笑顔！ 自己表現ができる喜びを味わえるのです。この絵本から、私たちは、会話が生きる力にもなる重要なものであることが理解できます。

今回出版したこの本は、単なる会話の大切さばかりを説いたものでなく、会話をするために、発達段階をおさえ、発達のポイントを確認してステップバイステップで会話力を高める32の方法を紹介しています。32の会話法は、わかりやすくイラスト入りにしました。生きる力と考える力、パワーを最強に注入して対応した本です。

楽しみながら読んで今後の保育力ＵＰにつなげてくだされば幸いです。

常葉大学 保育学部保育学科教授
駒井美智子

会話法 目次

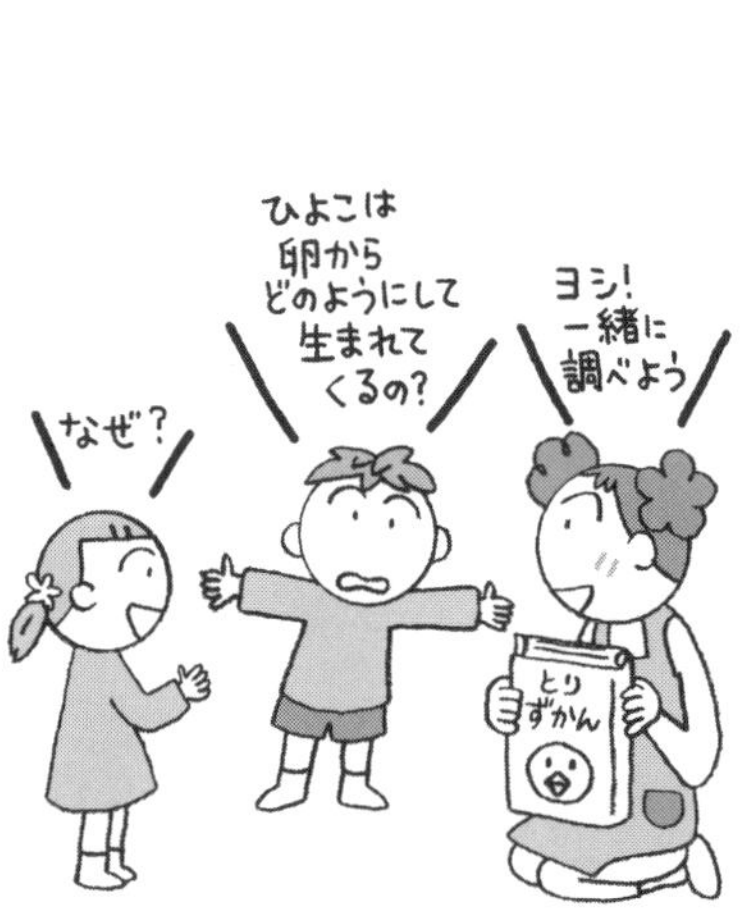

なぜ？
ひよこは卵からどのようにして生まれてくるの？
ヨシ！一緒に調べよう
とりずかん

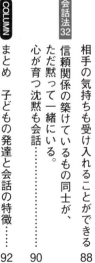

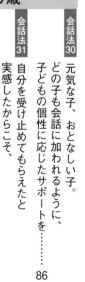

序章

なぜ「会話」が重要なのか

乳幼児期から重視される能力・「会話」

乳幼児が成長し社会のなかで生きていくうえで、まわりの人とのつながりは欠かせません。人と人のつながりは「会話」があって初めて生まれます。そう、「会話」はとても大切なスキルですが、一方で使い方次第ではときに人を傷つける刃物にもなり、人をポジティブにすることもできます。つまり、「会話」は、その人自身やまわりの人の人生に影響するといっても過言ではありません。

「会話」は急にできるようになるものではありません。言葉をまだ十分に理解していない乳幼児期から、保護者や保育者など大人の援助と支援により、言葉を獲得し、言葉と言葉をつなぎ合わせることで会話になることを覚えるのです。

2017年に同時改訂（定）された3法令（「保育所保育指針」「幼稚園教育要領」「幼保連携型認定こども園教育・保育要領」）においても、これからの時代を生きていくために必要な育むべき資質・能力が整理され、それにともない盛り込まれた「幼児期の終わりまでに育ってほしい姿」（10の姿）に、まさに「言葉による伝え合い」という項目があります。また、「協同性」や「思考力の芽生え」「豊かな感性と表現」など、言葉や会話に大きくかかわりがある項目がいくつも存在しています。こうしたことから、これからの幼児教育において、「考える力」や「会話の力」を育てることが重要視されていることがわかります。

言葉かけではなく「会話」が大切な理由とは

これまで保育や子育ての現場では「言葉かけ」という単語が多く使われてきました。しかし、「言葉かけ」はある意味、一方的なものともいえます。言葉をかけたほうは指導した安心感で満足しがちですが、子どもの気持ちを傾聴したり受容することをおろそかにしているようにも見られます。

一方で、「会話」は文字通り、〝話を会わせる〟行為です。言葉を行ったり来たりさせながら、自分の心の言葉を音声で表現・表出して主張し、また、相手の心から言葉が表出されたものを受け入れ、人間関係を築きあげていくものです。

子どもであっても一人の人間として尊重し、未来社会の構成員としての敬意をもって接するためには、「言葉かけ」ではなく「会話」が大切だということがおわかりいただけたでしょうか。

0歳児から意識して積み重ねを

会話というキャッチボールをスムーズにおこなうためには、くり返し練習する必要があります。まだ言葉が話せない0歳児のうちから、意識して積み重ねていくのです。

まずは、会話のもととなる言葉をたくさん聞かせてあげること。言葉の意味はわからなくても、そのトーンやリズムが子どもの心に染み込んで、のちに言葉が理解できるようになったときにあふれ出ます。

同時に、子どもからの発語には笑顔であたたかな対応を心がけ、気持ちを交わし合うことの喜びを感じさせることが大切です。心と心のふれあいから安心を感じて初めて、子どもは気持ちを言葉で発しようと思うのです。

発達に応じて会話を楽しむ

少しずつ言葉が出るようになったら、言葉と言葉をつなぎ合わせての会話に導きましょう。子どもの発達段階に合わせて、子どもの言葉への興味・関心を刺激したり、気持ちをやりとりする楽しさを味わわせたりすることが大切です。

例えば、信頼のおける大人との会話を楽しむことから始め、友だちを求める年齢になったら子ども同士での会話、集団で過ごせる年齢になったら人前での会話も経験させるなど、段階に応じた適切な環境や支援や援助・指導をおこなうことで、子どもは自然と会話力を向上させることができます。

1章から、それぞれの年齢の発達に応じた会話の方法を提示していきます。もちろん年齢はあくまでも目安にすぎません。目の前の子どもをよく見て、発達段階に応じた会話を楽しんでいきましょう。

1章

0〜2歳児との会話法

0歳の発達と会話の特徴

0歳の発達を大きくとらえると……

おうちの人や保育者など特定の人に対して情緒的な絆《きずな》が形成される時期

周囲の環境に自発的に手を伸ばして触ったり，口に持っていったりする。やがて寝返りやお座りができるようになる。自分の気持ちや要求を，表情や喃語《なんご》などで表現する。

0歳
1歳
2歳
3歳
4歳
5歳

会話においては……

言葉を表出する準備段階

0歳で特に育みたい姿

会話の楽しさを知る

子どもがほほえんだら大人がにっこりほほえみ返す。子どもの発声や身振り・手振りに笑顔や言葉で応答的にかかわることがコミュニケーションの楽しさに気づくきっかけです。

特定の人との安心・信頼感の育みが会話の土台となる

子どもの心が落ち着く環境づくりをしましょう。安心・安全だと思えるからこそ，自分の思いを伝えようとします。

会話法 1

泣き声は「言葉」のサイン。大人の優しくおだやかな語りかけで感情を言葉として表出することを覚える

おなかがすいていたり、おむつがぬれていたり、心地悪さを身体で感じると子どもは泣きます。おなかが満たされて、あたたかで快適だと、ご機嫌な様子で心身ともに弾んだ様子を見せます。これが、この時期の子どもの「言葉」なのです。

子どもからのそのような「言葉」の発信は、会話のチャンスです。おむつ交換をするときに「おむつがぬれて気持ちが悪かったね」「さあ、取り替えようね」と語りかけ、おむつを替えたら「気持ちよくなったね。さっぱりしたね」と優しくほほえみながら伝えてあげるのです。

泣き声という子どもの「言葉」に言葉を返す。そう、これが「会話」の始まりです。こうした会話のくり返しで、言葉が自分の感情をあらわすことを子どもは習得するのです。

ゆっくりと
優しく
ていねいに
語りかける
泣き声に大人は
タイミングよく応える。
そのときに，
あわてたり，
焦ったりする様子は
見せない
おむつが
ぬれて
気持ち
悪かったね

これはNG!

子どもに次から次へと饒舌《じょうぜつ》に話しかけるのは好ましくありません。会話はキャッチボールです。子どもが応答する間合いを見ながら話しかけ，会話のやりとりをするようにしましょう。

会話法 2

「目と目を合わせてにっこり」。安心感が人と通じ合いたい気持ちを育てる

会話とは心と心の通い合い。言葉を介さなくても、目と目を合わせたり、共通体験をするなかで、子どもと大人はお互いの気持ちを伝え合うことができます。そこから会話が始まるのです。

生まれたばかりの子どもは、まわりがよく見えませんが、おおむね3か月から動くものを目で追う「追視」、他の人の視線を追って自分もそちらを見る「視線追従」ができるようになります。人の表情に対する興味も次第に育ち、おおむね7〜8か月には人の表情から感情を読み取れるようにもなってきます。

目と目を合わせてにっこりほほえみ、「安心していいんだよ」というメッセージを伝えましょう。心と心が通い合うことの心地よさがあるからこそ、人と通じ合う体験を積み重ねたい、この人と会話をしたいという気持ちが育つのです。

子どもにとって
人の表情は，
相手が受容や
傾聴してくれるかを
見分けるための
大切なサイン

安心と信頼を
感じるからこそ，
感情や言葉を
発しようとする

会話法 3

寝返り、ずり這《ば》いには「できたね」とにっこり。笑顔の応酬《おうしゅう》が「この人と会話がしたい」という思いを育てる

子どもはもともと人間の顔を好むといわれており、新生児のころから人の顔の動きをまねする能力をもっています。これを新生児模倣といいます。

その後、人の顔の動きに対する興味は増していき、生後2か月を過ぎると、自分に優しく接してくれる特定の大人などの笑顔を好むようになります。それが「この人が好き」「この人と一緒にいたい」という愛着を育て、のちに「この人と話がしたい」という思いにつながります。

子どもと積極的に笑顔のやりとりを楽しみましょう。首が座った、寝返りができた、ずり這い[※1]ができた、そんなときには「よくできたね」「上手だね」とにっこり。子どもは大人の表情を模倣し、同じように笑顔で応えてくれるでしょう。

このような笑顔の応酬[※2]が、将来にわたる会話力を支える土台をつくります。

気持ちを
受け入れてくれる
大人がいるからこそ,
気持ちを言葉で
伝えたいと思う

※1　ずり這いとは，子どもがうつぶせでおなかを床につけた状態で，手の平や足の裏で床を押したり蹴ったりしながら，前やうしろに這って進むことです。

※2　応酬とは，受け答えすること。ここでは，互いに笑顔のやりとりをすることです。

会話法 4

子どもが口元や手でものの感触を確かめているときは、その名前や色、手触りを言葉にして伝える

自分の意思でものをつかめるようになった子どもは、興味がいっぱいでいろいろなものを口に入れ、その感触を確かめるようになります。これは探索行動のひとつで、子どもの成長において重要なものです。

子どもにとって危ないもの以外はむやみに取り上げず、**興味・関心を示したものに、「それはタオルっていうのよ」「ふわふわしてるね」など特徴や色を言葉にして伝えましょう。**

子どもは興味・関心のないものには、いかに働きかけてもそこから何かを吸収することはありません。だからこそ、子どもが探索行動をしているときは、ものの名前やその意味を伝えるチャンスなのです。0歳児から会話力の基礎となる語彙《ごい》を増やしていきましょう。

子どもが
興味・関心を
示していることに
大人は気づく

ものの名前や
手触りを言葉にして
伝えることが
のちに言葉と意味を
結びつけ，語彙を
増やしていく

会話法 5

喃語《なんご》は音声のきっかけ。大人は必ず言葉を返し、会話の楽しさに気づかせる

生後4か月ごろから発する「あむあむ」「うぶぶぶぶ」など2つ以上の音がつながった、意味をともなわない声を「喃語」といいます。はじめは単純な発声だったのが、次第にバリエーションも増え、発声そのものが自分の思いや感情を伝える道具として用いられるようになります。これまで泣くことでしか自分の感情を表現できなかった子どもにとって、これは大きな変化です。

子どもが喃語を発しているときは、「お話しているのね」「そうだね、今日はいい天気だね、ポカポカですね」など、言葉を返しましょう。言葉の意味はわからなくても、相手と通じ合う喜びや心地よさを感じることはできます。また、自らの行動がきっかけとなって、自分がコミュニケーションの主体となれることも理解します。

このような積み重ねによって会話のやりとりの楽しさに気づいていくのです。

子どもの発した
「喃語」をそのまま返す
だけでもOK。
大切なのは言葉を
行ったり来たりさせる
キャッチボール

「喃語」は
会話に参加したい
気持ちのあらわれ。
保育者は1対1で
おだやかな声で
対応を

会話法 6

部屋から外へ視野を広げて。五感への刺激が言葉を発したい気持ちを育む

子どもはおもしろそうなものを見たり、聞いたり触れたりする過程で自然と言葉を発するものです。**いつも過ごしている保育室から、適度な刺激を求めて外に出てみましょう。**自然体験など大げさなものではなくても、一歩外に出るだけで、子どもにはたくさんの刺激がふりそそぎます。日差しの暖かさやそよそよと頬に触れる風、花の香りや土、草のにおい。保育室では感じられない刺激が、外の世界には豊富にあります。

きれいな青空やチュンチュンと飛び回る小鳥、ひなたぼっこをしながら眠っている猫の姿を見かけたとき、大人でも思わず声をあげたり、その感動を誰かに伝えたくなります。どんなにささやかであっても、**自然には人に言葉を発したいと思わせる力があります。**このような経験を積み重ねながら、言葉を広げていくのです。

外へ出て，
「見る」「聞く」
「触れる」
「においをかぐ」

身体感覚を
ともなった
心動く体験から
言葉が自然と
出てくる

これはNG！

0～1歳児にとって適度な刺激は近くの散歩で十分感じることができます。例えば，テーマパークの大きなキャラクターなどはこの年齢にとっては過度な刺激です。これまで見たこともないような等身大の人形は，言葉を発したいどころではなく，恐怖で言葉が出なくなります。

会話法 7

ぎゅっと抱きしめて「先生は○○ちゃんが大好き」。自己肯定感が会話への意欲につながる

子どもはスキンシップが大好きです。やさしい手で触れられたり、抱きしめられたりすることで子どもは愛されていることを実感し、自己肯定感を高めていきます。

自己肯定感が高まると、自分のことを受け入れられるようになります。そして、相手のことも素直に受け入れられるようになります。そうなることで安心感をもって他者とのつながりを求めるようになり、会話への意欲にもつながっていくのです。

折に触れ、「○○ちゃん大好きだよ」と子どもをぎゅっと抱きしめましょう。子どもは、その大人の表情や仕草に、「先生、大好き！」と返してくれるでしょう。

自己肯定感が
高まると,
他者とのつながりを
求めるようになり,
会話への意欲に
つながる

「大好きだよ」
のスキンシップは
子どもの
自己肯定感を
高める

1歳の発達と会話の特徴

1歳の発達を大きくとらえると……

ひとりで歩くようになり，周囲の環境を積極的に探索する時期

親しい人に簡単な言葉で要求や思いを表現するようになるが，あまり知らない人に対しては人見知りをする。おもちゃなどをつまんだり，引っ張ったりなどの操作をくり返し楽しむ。

0歳
1歳
2歳
3歳
4歳
5歳

会話においては……

身のまわりへの探索が始まり，言葉のたねを集める

1歳で特に育みたい姿

頭・心・身体の３つを連動させながら言葉を獲得する

子どもが興味を示したものに，そのものの名前や特徴を伝えます。言葉を耳で聞き，見たり触れたりして身体感覚を使って，意味を結びつけながら言葉を覚えます。

会話に対する意欲を高める

言葉を発する機会をたくさんつくります。食事のとき，「おいしいね」と語りかければ，子どもは「おいしいね」と気持ちを言葉であらわすようになります。

会話法 8

一緒に食卓を囲むことで心の距離感を縮め、会話を広げる

「食べる」というのは人間の本能的な楽しみです。大人でも楽しいと感じたときは自然と言葉を発します。だからこそ、**大人も一緒に食卓を囲み、楽しい時間をともに過ごしましょう**。

食事の時間はできるだけ注意をしたり叱ったりせず、ぜひ楽しい会話を。食事は言葉が生まれやすい場面がたくさんあります。「先生は赤いトマトが好きなんだ。○○ちゃんは、何が好き?」「おいもが好きなんだね」「もぐもぐ、いっぱい食べようね」など、子どもと大人ともに構えることなく、会話が広がっていきます。

一人だけで食事をする「孤食」が社会問題化している時代だからこそ、人と食卓を囲む楽しさを伝えることは、園の大切な役割でもあります。

楽しいと
感じるときは
言葉が自然に
出てくるとき

楽しそうな
様子が見られたら
子どもの動きや
気持ちをくみとり,
言葉でていねいに
あらわす

会話法 9

「ぱんぱーい!」。あかちゃん言葉へのあたたかな対応が信頼と自信につながる

子どもは言葉を「聞いて覚える」ことで習得します。大人のようにその音を確認することなく、覚えた言葉を次々と発するので、言い間違い(あかちゃん言葉)が多いのもこの年齢ならでは。「かんぱい」が「ぱんぱーい」になっていたり、「おはよう」が「あさよう」だったりします。

間違いを訂正したくなりますが、子どもの言葉を獲得する意欲を損なう可能性があります。子どもは大人が言葉を使う場面を観察し、自分の知っているものごととその音声を結びつけ、まねをすることで言葉を得たり、意味を理解しようとします。**あえて間違いは訂正せず、一緒にその言葉をくり返してあげましょう**。自分の発した言葉に大人が応えてくれたことが自信となり、さらに言葉を習得したいと思うようになります。

子どもの
言い間違い
（赤ちゃん言葉）は
訂正せず，
同じ言い方で
応答する

言葉を
理解してもらった
という満足感を
味わわせる

プラスα

言い間違いがあっても，いずれ子ども自身が間違いに気づき，自然と自己訂正ができるようになります。「あさよう」と言う子に「あさよう」と返しても，その保護者に「おはようございます」と挨拶をしているうちに，子ども自身が気づき，自分で直していくものなのです。

会話法 10

言葉集めにつながる探索行動は禁止せず、積極的にやらせる

ねんねの時代から、ハイハイ、タッチ、アンヨへと自分の意思で移動できるようになった1歳児は、好奇心のおもむくままに行動します。おもちゃ箱をひっくり返したり、棚に並べてあるものをばらまいたり。**手先や指を使った探索行動が活発になるのですが、これは言葉集めの作業**だともいえるのです。

子どもは頭・心・身体の3つを連動させながら言葉を獲得します。例えば、氷に触れて冷たさを感じたときに、大人が「冷たかったね」と言葉をかけることで、初めて「冷たい」という言葉と意味を理解するのです。安全に配慮し、子どもが体験する機会を大切にします。

探索行動をしながら見つけたものに「なんだろう」と不思議そうな顔をしていたら、「おもしろいものを見つけたね」と子どもの不思議に共感し、ものの名前などを伝えましょう。たくさんのものを見て、触れて、感じた子どもほど言葉は豊富になります。

大人は子どもを
観察して，
子どもの視線の先を
見ることで，
そのものについて
言葉をかける

プラスα

子どもは大人が自分の興味・関心に気づいて，その話をしてくれることに喜びを感じます。大人でも自分と同じものに興味を持ってくれればうれしい気持ちになります。

喜びを共有し，共感すると会話も弾みます。

会話法 11

「マンマ」には「マンマおいしいね」と、子どもの気持ちを言語化して会話を広げる

1歳を過ぎるころから片言でのおしゃべりが始まります。はじめは「ママ」「ワンワン」などの単語からですが、その単語には子どもの思いがたくさんつまっています。

子どもが「マンマ」と発したら、その時々の子どもの気持ちや状況をくみとり、「マンマ、欲しいのね」「マンマ、おいしいね」など、「マンマ」に続く言葉を重ねて話します。食事中も子どもが「マンマ」と言ったら、「マンマ、甘くておいしいね」と、子どもの単語に受け応えするかたちで会話を広げましょう。

言葉の意味はわからなくても、会話のリズムやトーンは確実に子どもの心に刻み込まれ、いずれ自分の伝えたいことや表現・表出したいことと言葉の意味をすり合わせ、理解することにつながります。

子どもの
発した単語に
続けるかたちで
会話のシャワーを
たくさん
ふりそそぐ

2歳の発達と会話の特徴

2歳の発達を
大きく
とらえると……

自我が芽生える時期

手指や身体の運動能力が向上し，着替え・食事など生活習慣の自立を自ら進めていこうとする。言葉の発達にともなって自己主張を始め，友だちとものの取り合いなども起きる。

会話においては……

語《ご》彙《い》数《すう》が急激に増える

2歳で特に育みたい姿

子どもの「できた！」を育む

語彙数が増える背景には，自我が芽生え，なにかをやりたい意欲やそのことをできた有能感が大きく関係しているといわれます。子どもの意欲を受け入れ，自己肯定感を育みましょう。

ごっこ遊びで言葉の幅を広げる

遊びのなかで，大人のまねをしながら覚えたての言葉を使ったり，自分の「したいこと」を言葉で伝えようとします。

会話法12

「自分でやる！　自分で！」には「やってごらん」。意欲を認めることが子どもの自信につながる

食事や着替えなど、身のまわりのことをなんでも自分でやりたがるのが2歳児。「自分で！自分で！」が始まります。まだうまくできないことも多いですが、やりたい気持ちを否定して子どもの意欲の芽を摘んではいけません。**自分でやりたいという意欲は、すべての原動力**。もちろん会話への意欲もそれがなくては始まりません。

黙ってやらせるのではなく、「上手にできるかな」「半分できたね、あと少しだね」と見守る気持ちを言葉にして応援しましょう。子どもは自分が信頼されていると感じ、やりたい気持ちを抑えることなく表現できるようになります。自分の気持ちを素直にあらわす、それこそ会話の第一歩です。

プラスα

「自分で」やってみて上手にできなくても，「よくがんばったね」など，肯定的な言葉をかけます。子どもとのポジティブなやりとりをたくさん楽しみましょう。

会話法 13

ごっこ遊びでの言葉のやりとりがそのまま会話の練習に。積極的に生活言葉を取り入れて

ままごとやお店やさんごっこなど、2歳ごろからごっこ遊びが盛んになります。ごっこ遊びは子どもが見聞きした社会生活の模倣。その様子は子どもの生活体験がそのまま映し出されていて、興味深いものです。

生活体験と会話力には密接な関係があります。生活体験を通して子どもは言葉やいろいろなやりとりを覚えます。子どもの生活体験の量や質はそれぞれ違います。だからこそ、ごっこ遊びを活用して、子どもの体験を豊かにする手助けをしましょう。

お店やさんごっこなら、「これください」「おいくらですか」など、大人がリアルな生活言葉をかけることで、ごっこ遊びの世界はよりふくらみ、新たな言葉を覚えたり、人とのかかわり方や社会生活のあり方を少しずつ経験したりしていくのです。

生活体験の
広がりが
子どもの言葉を
広げる

ごっこ遊びが
社会生活を学ぶ
導入になる

会話法 14

「クルマ、ブッブー」。ものの音まねをすることで、子どもの聞く力が育つ

会話は双方向のやりとりです。自分が話をするだけでなく、相手の言葉を聞く力がなければ、会話にはなりません。片言ながらも言葉を話し始めたこの時期から、子どもの聞く力も育てましょう。

しかし、この時期の子どもは、自分の興味・関心があることでなければ聞きません。そこで、**子どもが遊んでいるおもちゃやものの音まねをしてみましょう**。おもちゃの車を動かしながら、「走ります、ブッブー」「キッキー、止まります」。

遊びの音は、子どもに音を聞くのは楽しいというメッセージを伝え、聞く態勢をつくることにつながります。また、子どものまわりにあるおもちゃやものに関する言葉と意味を結びつけ、まわりの様子を理解することにもつながります。

子どもが
興味を示した
おもちゃや
ものの音を言って
聞かせる

プラスα

「ウーウー」「ドンドン」のように１つか２つの言葉で表現された音のほうが，子どもは集中して聞くことができます。擬音語や擬態語をたくさん聞かせ，音のおもしろさに気づかせてあげましょう。

会話法 15

「きれいにふけたから机が喜んでいるね」。アニミズムが他者の感情の理解を助ける

2歳ごろの子どもは、**自分の周囲のものがすべて自分と同じように気持ちを持っていると考える時期があります。児童心理学では、このことをアニミズムと呼びます。**アニミズムは子どもの想像性や感受性、共感性などの発達と深いかかわりがあります。

ちょうどこの時期の子どもは、**自分以外の他者にも気持ちがあることに気づき始めます。**他者の気持ちを理解せずに会話は成り立ちません。そこで、**子どもが他者の気持ちを理解できるようになるために、アニミズムを意識した会話をしてみましょう。**

例えば、人形を乱暴に扱っている子どもに「お人形さんがイタイイタイって言っているよ。優しく抱っこしてあげようね」などと言います。このような伝え方なら子どもは人形の気持ちを理解し、人形が痛がらないように扱うでしょう。

アニミズムを
活用して
相手の気持ちを
理解する機会に

COLUMN

言葉遊びで会話力UP！

会話の基礎となるのが語彙力《ごいりょく》です。言葉を知っているからこそ，自分の気持ちを表現することができたり，相手の話を理解したりすることができます。乳児から幼児にかけての言葉の獲得期には言葉を増やすことを意識しましょう。

そこでおすすめなのが，言葉遊び。子どもは耳で聞いて，心で感じることで言葉を学習します。言葉遊びにはこれらの要素が含まれているのです。

２～３歳児なら，「はーい，うさぎさんですよ」「ぴょんぴょんうさぎさん」「はーい，ねこさんですよ」「にゃーにゃーねこさんです」など，リズム遊びと動物まねっこでのお話をしましょう。言葉の表現から身体的表現まで，まさに頭・心・身体を連動させながら言葉を習得できます。言葉遊びの要素を含んだわらべ歌，例えば，「♪〇〇ちゃん　はーい」なども楽しいでしょう。

幼児なら，「♪こぶた→たぬき→きつね→ねこ」などのしりとり歌で遊んだり，「“あ”のつく言葉あつめ」のように同じ音で始まる言葉を集める言葉探しゲームやルールに基づいてのしりとりなどにチャレンジしてみるとよいでしょう。楽しみながら言葉を増やしていきましょう。

2章

3〜5歳児との会話法

3歳

の発達と
会話の特徴

3歳の発達を
大きく
とらえると……

友だちと遊び，
自分と友だちの「和」を
育てる時期

身のまわりのひととおりのことができるようになる。友だちと遊ぶことが盛んになり，お店屋さんごっこ，ヒーローごっこなどを楽しむ。言葉への関心が強くなる。

0歳
1歳
2歳
3歳
4歳
5歳

会話においては……

自分の思いを言葉で伝える

3歳で特に育みたい姿

「これなあに？」子どもの興味・関心を深める

「なんでだろう？」興味がわくと自然と言葉がでます。そこで大人から得た言葉や知識をどんどん吸収します。子どもの知的好奇心と言葉の習得には深い関係があります。

言葉と言葉のつなぎを覚える

自分の思いを言葉にして話すようになりますが，「この話し方でいいのかな？」と不安も感じます。間違えたり，次の言葉が出てこなかったりしてもあたたかく見守ります。

友だちの思いに気づき始める

「いれて」「だめよ」など遊びのやりとりを通して，相手にも気持ちがあることに気づきます。

会話法 16

自然の力を借りて子どもの好奇心を刺激。驚きの言葉にていねいに共感することで会話が広がる

3歳児になると、「これなあに?」という質問をたくさんするようになります。子どもの知的興味や関心が具体的になり、もっと知りたいというあらわれです。**質問を通して大人とのやりとりのなかからさまざまなことを学び、これが思考力につながります。**

だからこそ、**子どもの好奇心を高める経験をたくさんしましょう。**特に**自然環境は子どもに多くの驚きを提供し、好奇心を刺激します。**葉っぱを裏返して「虫がいた!」。そうした驚きの声に大人は「ほんとだね」など、共感の言葉を返します。一緒に驚いてくれる人がいるからこそ子どもの好奇心はますます刺激され、そこから「なんで虫は葉っぱが好きなの?」など言葉のやりとり、会話が生まれるのです。

小さな好奇心であっても一緒に楽しみ、大人は自分なりの言葉で必ず応答しましょう。

好奇心を
刺激する体験は
会話の
きっかけを
生む

好奇心から
子どもが言葉を
発したことに，
大人が応答する
からこそ，
会話力が身につく

プラスα

自然には土，砂，水，草，花，木，空，雲，お日さま……，たくさんの素材があります。子どもが直に手を触れられる土，砂，水，草花などの自然素材は，この年齢の子どもの好奇心をおおいに刺激します。

会話法
17

「あのね、あのね……」には急《せ》かさず、次の言葉をじっと待つ

生活に必要な言葉がある程度わかり、大人や友だちとのおしゃべりが楽しめるようになりますが、それでもまだ語彙は少なく、会話の力も育ちきっていないのが3歳児です。話したい気持ちがあっても「あのね、あのね……」をくり返すだけで、話が先に進まないときがよくあります。

つい「○○なんだよね」と言葉を先取りしてしまうことがありますが、**「あのね、あのね……」に続く言葉をゆっくりとやさしく「待ち」ましょう**。

大切なのは、子どもの話したい気持ちを摘んでしまわないこと。「あのね、あのね……」は伝えたいことを言葉につなげる思考の最中なのです。「どうせ言っても聞いてもらえない」と子どもの心のなかに刻まれることは避けなければなりません。**この時期は、会話の中身より何より、その後の社会性につながる人への信頼感を育むことが大切です**。

「待つ」ことは
話したい気持ちを
受けとめている
あらわれ

会話法 18

一人ひとりの名前を呼んでから話をする習慣を

集団での活動が増え、「みなさん」「○○組のお友だち」と呼ぶことが多くなります。しかし、その呼び方は慎重に。そもそも3歳児には「みなさん」が集団やグループの呼び名であることを十分に理解できない段階の子どもが少なくありません。また、3歳の前半はひとり遊びを楽しみたい、大人とのかかわりでも1対1を好む時期でもあります。個と集団生活の境界線に位置しています。

だからこそ、名前を呼んでもらいたいと思う気持ちも強いものです。名前はその人だけのものであり、名前を呼ぶことは、個人を認め、愛着をもっている意識のあらわれです。その子（個）を尊重するために、**子どもに対しては名前を呼んでから話をする習慣をつけましょう**。

プラスα

自分を表現していないと感じる子どもには特に，名前をていねいに呼ぶところからスタートしましょう。その子だけの大切な名前を呼ぶことで両者の信頼関係はぐっと深くなります。もちろん「たっくん」などの愛称でもかまいません。

会話法 19

子どもにしてほしいことは具体的な言葉でていねいに伝える

会話力が増す3歳児だからこそ、具体的に伝えることを意識しましょう。「静かにしてね」「仲よく並んでね」など抽象的な言葉では伝わりにくく、また子どもの会話力も育ちません。「手はおひざ」「先生の顔を見てください」「○○ちゃんと□□くん、手をつないでね」など、**具体的な言葉をつないで会話にします**。

生活に必要な単語はある程度理解できていますが、言葉と言葉のつなぎ方はまだ曖昧《あいまい》です。だからこそ、**大人が具体的な言葉をていねいにつなげて伝えると、子どもはそのつなぎ方をまねします**。その積み重ねが、いずれ子どもが自分の気持ちや要求を言葉できちんと表現したり、表出したりして伝えられることにつながります。

具体的な
言葉をつないで
ていねいに伝える。
そのつなぎ方を
子どもは
聞いて覚える
手はおひざ
先生の顔を見てください

プラスα

言葉と言葉のつなぎ（話し方）に不安がある３歳児だからこそ，子どもの話した内容を大人が復唱して応答することが安心感につながります。子どもが「お外暗いね」と言ったら，「お外暗いね」と返します。「真っ暗だね」とひとこと言葉を足してあげると，言葉のつなげ方がまたひとつ増えます。

会話法 20

「一緒だね」「なかよしだね」。友だちとの共通体験から言葉が生まれ、子ども同士の会話につながっていく

おうちの人や保育者など大人との信頼関係を十分に育んだ子どもは、次の段階として友だちを求めるようになります。友だちと同じものを持ちたがったり、同じことをしたがります。「一緒だね」、それがこの時期の子どもが友だちと「なかよし」を確認する作業なのです。このような経験を通して、**ふれあうことを楽しい、うれしいと思う気持ちが育ち、その楽しさのなかから言葉が出てくるのです。**

大人は意識して子ども同士の共通体験を増やしていきましょう。園生活では、友だちと同じものを持つ、同じことをする機会がたくさんあります。**「同じだね」「なかよしだね」と言葉をかけながら、子ども同士が「ね」と目と目を見合わせる機会をつくりましょう。**人とつながる楽しさから心が動き、自然と子ども同士の会話が弾むようになります。

人とつながる
楽しさが
言葉を
表出させる

子ども同士が
「ね」と言いながら
目を見合わせるのは，
「なかよし」を
確認する機会

プラスα

人が社会で生きるためには，人とかかわる力が大切です。会話はそのための大切な手段ですが，その前に「つながりたい」という気持ちがなければ，言葉も生まれず，会話も広がりません。この時期から人と人を結びつける会話の楽しさを経験させましょう。

会話法 21

「いれて」「だめよ」のシーンでは、子どもが自分の気持ちを表出し相手の気持ちを受け入れられるように手助けする

個から集団へと意識が向いていく3歳児。友だちを求めるようになり、遊びの仲間に「いれて」と参加する姿も見られるようになります。

しかし、「いれて!」と声をかけても、友だちから「だめよ」と返ってくることも。理不尽な思いをするのも大切な経験のひとつですが、大人が介入することで会話力を高める経験に変えることができます。

「だめよ」と言った子に**「どうしてだめなのかな?」と問いかけ、理由を聞く**。「これはわたしが使っているからだめ」そんな答えが返ってきたら、**仲間に入れてもらえなかった子に「じゃあ、どうしようか?」と聞き、その子の気持ちを表出させます**。相手にも気持ちがあることに気づいたり、自分の気持ちを言葉で伝えたりする、こうした経験の積み重ねが、その後の会話力につながります。

友だちとの
トラブルは相手にも
気持ちがあることに
気づくきっかけ

友だちと
言葉のやりとりが
できるように、
仲介する

会話法 22

失敗をしても、ゆったりとした態度で「大丈夫、大丈夫」。子どものうなずきで会話が成立

食事や衣服の着脱、排泄《はいせつ》・清潔、睡眠など生活の自立が進む3歳児。でも、トイレに間に合わずおしっこをもらしてしまった、そんな失敗もまだ多いもの。そのような失敗に対する大人の対応は、その後の子どもの会話力に影響を及ぼします。

この時期の子どもの心は繊細でデリケート。失敗を頭ごなしに叱ってはいけないのはもちろんですが、例えば、床に広がったおしっこにしかめっ面をするだけでも、子どもの心は不安で縮み上がってしまいます。そうすると、子どもはあらゆることに自信を失い、会話への意欲をもそがれてしまうのです。

そう、**何より大切なのは、ゆったりとしたおだやかな大人の態度**。「大丈夫、大丈夫」「頑張ったんだよね」。その言葉に子どもが黙ってうなずく。ホッと安心する「会話」がそこに成立しています。

失敗にこそ
優しく対応する。
子どもの
頑張りを認め,
自信を
失わせない

「うんうん」
子どもの
うなずきも
会話

会話法 23

リズミカルなくり返し言葉で語彙《ごい》を増やす

子どもは生活のなかで、保護者や保育者、友だちが話す言葉、絵本・テレビなどで見聞きする言葉を取り入れながら、さまざまな表現を身につけていきます。

なかでも子どもの心をとらえるのは、リズミカルなくり返し言葉。お笑い芸人の一発ギャグが子どものあいだで流行るのも、その良し悪しは別として、子どもは本能的にシンプルでわかりやすいリズミカルなくり返し言葉が大好きだからです。

ふだんの会話のなかでも、リズム言葉で子どもの頭と心と身体を刺激しましょう。「ぴょんぴょんうさぎさん、もぐもぐごはんを食べてるね」「雨がパラパラふっているね」「ピューピュー風が吹いて寒いなあ」など、オノマトペ（擬音語や擬態語の総称）を挟みながら会話をすると楽しいです。

リズミカルな
言葉は
子どもの心を動かし，
頭で記憶し，
表現（言葉で話す）
することに
効果的

プラスα

リズム言葉で「ぴょんぴょん」や「ガォーガォー」「パオーン」と言いながら，ときには跳んだりはねたりするのもよいです。言葉だけでなく，表現力も育てます。

4歳の発達と会話の特徴

4歳の発達を大きくとらえると……

友だち大好き! でも,「ぼくの言うこと聞いて!」自己主張の時期

いくつかの動きが同時にできるようになる。友だちと言葉によって気持ちや意思を伝え合い，遊びをともに楽しむようになる。

0歳
1歳
2歳
3歳
4歳
5歳

会話においては……

相手の話を聞く力を身につける

4歳で特に育みたい姿

自己主張の強い時期だからこそ，話を聞く練習を

3歳までは自分の思いを言葉にすることが中心でしたが，4歳からは聞くことを意識します。

「自分」と「まわり」をすり合わせるのは「言葉」

自分の思い通りにならず泣いたり手が出たりしていたころから一歩成長し，言葉で伝えようとします。自分の思いを伝えたり，友だちの思いを聞けるように支援・援助します。

位置の正しい言い方を覚える

ものの名前だけでなく，自分の身体を基準に，上下，左右，前後，遠い近いなども言葉で正確に伝えるようにします。正しい言い方を知っているとわかりやすい話し方ができます。

会話法 24

「先生がお話しするから、聞いてね」。会話にとって重要な聞く力を育てるには練習の積み重ねが必要

会話は言葉のキャッチボール。自分が話すだけでなく、相手の話を聞く力がなければ成り立ちません。また、会話のもととなる言葉の習得も、相手の言葉を聞くことから始まります。言葉を聞き、模倣することで自分のなかにたくさんの言葉が蓄積されていくのです。

聞く力は、4歳ごろから意識的に身につけていく必要があります。この時期の子どもは自己主張が強くなる一方で、人の話を聞くことはまだ苦手。だからこそ、聞く練習を積み重ねましょう。

まずは**子どもが聞きたくなるような話を用意します**。例えば、遠足など楽しみな予定を伝えながら、「持っていくものをお話しするから、よく聞いてね」「好きなおかしを3つ、持ってきてください」と言います。子どもの様子を見ながら、内容や伝え方を工夫しましょう。

0歳
1歳
2歳
3歳
4歳
5歳

聞く力は
聞く練習を
積み重ねて
できるもの

聞かせるより，
子どもが聞きたい
気持ちになる話を
用意する

プラスα

聞く練習で，最初は伝えることは１つにとどめます。慣れてきたら，２つ，３つと数を増やします。４歳児なら３つくらいまでにしましょう。

会話法 25

「ながら作業」ができるようになったら、友だちとの共同作業で会話のスキルを磨く

粘土を丸めたりのばしたり手を動かしながら、「先生、これスカイツリー作っているの」「この間、スカイツリーに登ったんだよ」などおしゃべりが止まらない4歳児。一度に複数の動作をおこなう「ながら作業」ができるのは成長の証《あかし》です。

このような姿が見られるようになったら、グループでの共同制作の場を設定します。71ページで述べたように、4歳児からは聞く力を育てるために、**友だちの話を聞く練習の場をつくりましょう**。4歳児なら4～5人くらいのグループが適切な人数です。

制作活動で手を動かしながら子ども同士で会話をする。友だちの話を聞いたり、自分の思いを言葉にして伝えたりする。制作という目に見える題材があるので、言葉も表出されやすいのです。子ども同士で会話の力を育て、社会性を育てていく一歩になります。

プラスα

個人差もありますが，発達の気になる子どもにとっては，一度に複数の動作をするのが苦手です。このような「ながら作業」が見られないことから，発達の遅れに大人が気がつく場合もあります。

会話法 26

「先に使っていいよ」には「○○くんやさしいね」。まわりの子どもにも理解できるようにほめる

まわりの人の気持ちを思いやることは、人間関係において最も大切なこと。当然、人と人との間でおこなう会話力にも影響します。3歳ごろは他者の視点に立ってものごとを考えることはできませんが、**4歳ごろからはだんだん自分以外の人の気持ちにも気づけるようになります**。ぜひとも思いやりややさしさの気持ちを育てたいものです。

それにはまず、**思いやりがどのようなものなのかを子どもに知らせていくことが大切**です。子どもが思いやりのある行動をしたときは、「○○くん、友だちに先にクレヨンを貸してあげてやさしいね」と**まわりの子にもさりげなく聞こえるようにほめましょう**。その子だけでなく、まわりの子も思いやりがどのようなことかを習得します。思いやりのあるおこないを言葉によってクラス中に広めることができます。これが集団保育活動のよさです。

思いやりの
気持ちを育てるには,
思いやりが
どのようなものかを
知ることから

ほめるときは
まわりにさりげなく
聞こえるように。
クラス内に
よいおこないが
広がるとともに,
子どもの自尊感情をも
育てる

会話法 27

子ども同士の言い合いは、会話力を磨くチャンス！ 自分とまわりをすり合わせるのは「言葉」だと気づく

自己主張が積極的になるこの時期、やりたい遊びを自分の思うようにしたいという気持ちの一方で、「友だちと一緒に」という気持ちもあるため、遊びが思い通りにならず友だちと言い合いになることもしばしばあります。

そのようなときに、**子どもは「自分」と「まわり」をすり合わせるものが「言葉」であることに気づくようになります**。自分の言いたいことをまわりに示すには、会話が必要だと遊びながら体感します。だからこそ、まわりとすり合わせができるように会話を磨くようになるのです。

この時期は、**大人があいだに入って解決策などを強力に示してはいけません**。**子ども同士の会話を見守り**、ときには「その言い方は強いんじゃないかな」「〇〇ちゃんはいま、どう思っただろうね？」などと相手の気持ちに気づかせる役割に徹しましょう。

「自分」と
「まわり」を
すり合わせるために，
言葉で伝える
重要さに気づく
大人は
会話を見守り，
ときに子どもが
相手の気持ちに
気づけるように
支援・援助する
ふむ
ふむ
お，
それいいね
ぼく
レンジャーやる！
ぼくも
やりたい！
いっしょに
レンジャーやろうよ

会話法 28

大人自身が正確な言葉を使い、人に伝わる話し方を教える

犬をワンワン、手を「おてて」など、子どもに赤ちゃん言葉で話しかけるのはやめる時期です。家庭や園などいわば「身内」だけでなく、社会で通用する言葉の習慣を意識しなくてはなりません。**言葉には自分の思いや気持ちを表現するだけでなく、情報を伝達するという大切な役割もある**ことを伝えるために、**大人自身が正確な言葉を使うように心がけましょう**。

この時期にぜひ身につけたいのが、前後・左右の位置関係を表現する言葉です。「あっち」「こっち」「そっち」ではなく、「右」「左」と位置を明確にしながら会話をしましょう。「○○ちゃんの右側に□□くんが座ってね」「左の足で片足立ちをしてみよう」など、左右の身体的感覚と言葉を結びつけながらていねいに、確認しながら教えていきます。言葉を覚えると、わかりやすい話し方につながります。

相手に伝わる
話し方をするためには,
まずはものの名前や
位置など
正しい言い方で
大人が話す

正確な言葉を
保育活動のなかで
遊びながら
習得できるように
する

5歳の発達と会話の特徴

5歳の発達を大きくとらえると……

友だちと協同的な集団活動を展開する時期

基本的な運動や生活習慣が身につき，生活や遊びを仲間と協調的に進めていくことができる。他人の役にたつことをうれしく感じたり，異なる思いや考えを認めるなど社会性が育つ。

0歳
1歳
2歳
3歳
4歳
5歳

会話においては……

協同作業での役割分担や決まりづくり……自分の思いを言葉で表現し，仲間間で調整するようになる

5歳で特に育みたい姿

まわりに認められている実感を

話を聞いてもらえたり，受け止めてもらえたり，ほめられたりすることで子ども自身が愛されている実感を持ちます。その実感が土台となり，仲間意識や思いやりの気持ちが育ちます。

「どうしてそうなるの？」好奇心の芽を伸ばす

「もっと知りたい」という気持ちはその子自身の言葉や意味・概念の習得だけでなく，知ったことをまわりに伝えることで，まわりにも知識が波及するなど幅広い効果があります。子どもの好奇心に大人も一緒にかかわりましょう。

会話法
29

「なぜ?」「どうして?」。子どもの好奇心には大人自身も興味を持って調べる姿勢が会話をふくらませる

2〜3歳ごろの「これなあに?」が第1質問期だとすれば、5歳前後の「なぜ?」「どうして?」は第2質問期。第1質問期の、ものの名前を問うような単純な質問と違い、第2質問期は「なぜ空は青いの?」「ひよこは卵からどのようにして生まれてくるの?」など、複雑な質問になります。**大人でも言葉につまる質問だったら、「先生もわからないから、一緒に調べよう」と、ともに興味を追求する態度を示しましょう**。一緒に図鑑を広げながら、「へえ、こんなふうになっているんだね」と会話をしながら、**子どもの好奇心を伸ばしていきましょう**。

子どもは「知りたい」が満たされると、今度は「知ったことをみんなに教えてあげたい」となるのです。その気持ちをくみとり、**クラスのみんなにも教えてあげる場を設けるのが大人の役割**。一人の子どもの好奇心から、クラス全体の「会話」へと大きく広がります。

0歳
1歳
2歳
3歳
4歳
5歳

子どもは
知ったことを
まわりにも教えて
あげたいと思うもの。
好奇心は会話力が
身につく宝箱

好奇心の芽を
一緒に伸ばす

会話法 30

元気な子、おとなしい子。どの子も会話に加われるように、子どもの個性に応じたサポートを

子どももそれぞれの個性が際立ち、リーダー的な存在の子どもも固定化してくる5歳児。自己主張の強い子どもだけが突出しないように、**大人は注意をして見守り、全体を観察して、全員が会話に加われるようにサポートしていく必要があります**。

例えば、遊びのルールをリーダー的な子が一人で決めてしまいそうな場合は、「○○ちゃんの意見はどう？」「□□君はこのルールでいいかな？」と、**その場にいる全員の意見を聞く雰囲気をつくっていきましょう**。

おとなしくて声を上げられずにいた子も自分の意見を持っていたり、いろいろなことを感じています。子どもの語彙《ごい》力や気質の個人差から会話が均等にならない場も多いので、どの子も会話力をふくらませることができるように大人がサポートをしましょう。

これはNG！

大人が子どもの会話に入り込みすぎると，子どもの会話に圧力をかけることもあります。大人が口をはさむのは言葉を発していない子が多いときだけにするとよいでしょう。子ども同士で話し合いができる年齢でもあります。

会話法 31

自分を受け止めてもらえたと実感したからこそ、相手の気持ちも受け入れることができる

自己中心的な視点から、相手の視点にも立てるようになる5歳児。自分の気持ちを主張しつつも、相手のことも受け入れ、折り合いをつけるようにするのがこの年齢の目標です。

就学をひかえ、園では一番大きいからと年長児としてのふるまいを強調されがちな5歳児ですが、もしかしたら甘えられず寂しい思いをしているかもしれません。いじわるをしたなど「困った」言動をしたときでも、頭ごなしに叱りません。「どうしてそんなことをしたの？」とおだやかに気持ちや言い分を聞きましょう。**子どもが何を言っても否定はせず、「うんうん、○○ちゃんはそう思ったんだね」とうなずきながら受け入れます**。そのうえで「先生はこう思うな」と大人の気持ちを伝えます。会話による問題解決につながります。

自分の気持ちを受け入れてもらったと感じた子どもは、相手の気持ちを受け入れる余裕が生まれているに違いありません。

プラスα

大きくなった5歳児だからこそ，あえて小さなころのように，「○○ちゃん大好き」とぎゅっと抱きしめてあげましょう。5歳児であってもふれあいやスキンシップは大好きです。ふれあいは子ども自身が愛されていると実感できるものです。

会話法 32

信頼関係の築けているもの同士が、ただ黙って一緒にいる。心が育つ沈黙も会話

会話とは心と心の通い合い。信頼関係の築けているもの同士、お互いの存在を感じながら、ただ黙って一緒にいる。それも大切な「会話」です。

ときには**「心と心でお話ししましょう」と、沈黙の時間を過ごしてみます**。マットを敷き、BGMを流すなどして、目も口も閉じて静かに数分間。「まだかな、まだかな」と耐えられず、目を開けたり口を開いたりしてしまったときは、「もう少しね。シーッ……」と態度でそうっと静かに注意。自分自身と向き合うことで心を耕す、豊かな時間となるはずです。

特に就学前の5歳児にとっては、このように自己を見つめる機会を持つことには大きな意味があります。自分の内面と向き合うことで意志力、計画力、内省力など、小学生になったときに求められる力が育つのです。もちろん、こうした力の蓄えが会話にも生かされてきます。意図的に保育活動のなかに取り入れていきましょう。

大好きな友だちや
大人の横に
ただ座っている。
そんな沈黙も
5歳児には必要な
ひととき

心の
落ち着く時間を
過ごすことは，
自分を見つめたり，
自分を
コントロールする力を
蓄えたりすることに
つながる

と会話の特徴

	0歳	1歳	2歳
発達のようす	おうちの人や保育者など特定の人に対して情緒的な絆《きずな》が形成される時期	ひとりで歩くようになり，周囲の環境を積極的に探索する時期	自我が芽生える時期
会話の特徴	**言葉を表出する準備段階**	**身のまわりへの探索が始まり，言葉のたねを集める**	**語彙数《ごいすう》が急激に増える**
特に育みたい姿	• 会話の楽しさを知る • 特定の人との安心・信頼感の育みが会話の土台となる	• 頭・心・身体の３つを連動させながら言葉を獲得する • 会話に対する意欲を高める	• 子どもの「できた！」を育む • ごっこ遊びで言葉の幅を広げる

まとめ 子どもの発達

5歳

友だちと
協同的な集団活動を
展開する時期

協同作業での役割分担や決まりづくり……自分の思いを言葉で表現し，仲間間で調整するようになる

- まわりに認められている実感を
- 「どうしてそうなるの？」好奇心の芽を伸ばす

4歳

友だち大好き！
でも，「ぼくの言うこと聞いて！」
自己主張の時期

相手の話を聞く力を身につける

- 自己主張の強い時期だからこそ，話を聞く練習を
- 「自分」と「まわり」をすり合わせるのは「言葉」
- 位置の正しい言い方を覚える

3歳

友だちと遊び，
自分と友だちの「和」を
育てる時期

自分の思いを言葉で伝える

- 「これなあに？」子どもの興味・関心を深める
- 言葉と言葉のつなぎを覚える
- 友だちの思いに気づき始める

推薦の言葉

人間は言葉を獲得する能力を持って生まれるといわれ、意思を伝え、知識を身につけ、コミュニケーションの手段として言葉を使用できるのは人間だけである。そのため言葉は人の生活を支えるうえで最も重要なものといえる。

言葉の発達には脳の発達が大きく関与しており、脳の発達段階に応じて、言葉を教えることが必要である。また、言葉の発達には周囲の人からの言葉の刺激がくり返されることが重要であり、保育者や親との交流やコミュニケーションによって発達していくので言葉の環境を整えることが非常に重要である。

本書は保育関係の人々、保育学を学ぶ学生を環境の対象として「発達段階をふまえた乳幼児との会話法」を述べたものである。

特に本書では、保育や子育ての現場では「言葉かけ」という単語が使用されているが、子どもであっても一人の人間として尊重し、未来の社会の構成員としての敬意をもって接するためには、「言葉かけ」ではなく「会話」が大切だと定義づけをしている。本書においては、0歳児の喃語から始まり、話し言葉としては適応期といわれる5歳の完成段階までを発達段階に応じて具体的、実践的に活用しやすい構成となっている。

また、内容は理論から日常の実践を主体としているため、会話の重要な部分を要領よく、簡潔に記述するとともに現場での実践方法を具体的に説明がなされている。

現場の保育者や保育系大学生が机上に置き、保育の一助になる名著と思い推薦をする。

日常の実践の場で活用されれば幸甚である。

横浜国立大学名誉教授
一般社団法人未来民間教育名誉顧問　齋藤《さいとう》歆能《きよし》

著　者　駒井美智子

常葉大学 保育学部保育学科教授

聖徳大学大学院博士前期課程児童学研究科修了（修士）。

東京福祉大学大学院社会福祉学研究科社会福祉専攻博士後期課程単位取得後退学。山梨学院短期大学保育科准教授，東京福祉大学短期大学部こども学科教授を経て，2016 年より現職。児童教育学，保育学を専門とし，昭和女子大学などでも非常勤講師を勤める。

講演，子育て支援イベント等に携わり幅広い分野で保育・子育てに関するサポートをおこなうほか，不登校やひきこもり，インクルーシブ保育相談など課題を抱える子どもたちの支援にも力を注ぐ。

著書に『子どもイキイキ！園生活が充実する「すきま遊び」』（中央法規）『保育者をめざす人の保育内容「言葉」第２版』（みらい社）『笑顔いっぱい！あそびのレシピ』（大学図書出版）など。

座右の銘は「至誠天に通ず」。

イ ラ ス ト　山口まく
装丁・デザイン　ベラビスタスタジオ
編　　　　集　こんぺいとぷらねっと

発達段階《はったつだんかい》をふまえた乳幼児《にゅうようじ》との会話法《かいわほう》32

2018 年 4 月 10 日　初版発行　　著　者　駒《こま》井《い》美《み》智《ち》子《こ》
2022 年 3 月 31 日　4 刷発行　　発行者　武　馬　久仁裕
印　刷　株式会社　太洋社
製　本　株式会社　太洋社

発　行　所　　株式会社　黎《れい》明《めい》書《しょ》房《ぼう》
〒460-0002　名古屋市中区丸の内 3-6-27　EBS ビル　☎ 052-962-3045
FAX 052-951-9065　振替・00880-1-59001
〒101-0047　東京連絡所・千代田区内神田 1-4-9　松苗ビル 4 階
☎ 03-3268-3470

落丁本・乱丁本はお取替します。　ISBN978-4-654-06100-6